INTRODUZIONE ALL'ALGORETICA

Come creare algoritmi efficaci

Maxwell Stone

SOMMARIO

INTRODUZIONE

L'algoretica è una disciplina fondamentale dell'informatica che si occupa di progettare algoritmi efficienti per risolvere problemi. Gli algoritmi sono sequenze di istruzioni che vengono utilizzate per risolvere problemi specifici. La progettazione di algoritmi efficienti è di vitale importanza per risolvere problemi di qualsiasi tipo, come la pianificazione delle risorse, la classificazione dei dati, l'analisi delle tendenze, l'ottimizzazione dei processi e la gestione delle reti.

L'algoretica ha un impatto significativo in molti campi, come l'intelligenza artificiale, la crittografia, la sicurezza informatica, il data mining e la robotica. Negli ultimi anni, la crescita esplosiva dei dati e l'avanzamento della tecnologia hanno aumentato l'importanza dell'algoretica. Oggi, la maggior parte delle organizzazioni si basa su algoritmi per risolvere problemi complessi e migliorare la propria efficienza e produttività.

Tuttavia, l'utilizzo degli algoritmi solleva alcune preoccupazioni etiche e sociali. Ad esempio, gli algoritmi possono essere influenzati dal bias, che può portare a risultati ingiusti e discriminatori. Inoltre, l'utilizzo degli algoritmi può sollevare questioni di privacy e sicurezza. In alcuni casi, gli algoritmi possono anche avere un impatto sociale negativo.

Questo libro ha lo scopo di fornire una panoramica completa sull'algoretica, dallo sviluppo di algoritmi di base alla creazione di algoritmi avanzati ed efficaci. In particolare, ci concentreremo sui concetti fondamentali dell'algoretica, come la struttura degli algoritmi, l'analisi di complessità, gli algoritmi di ordinamento e di ricerca, e altri algoritmi comuni. Inoltre, esploreremo anche alcune preoccupazioni etiche legate all'algoretica, come il bias algoritmico, la privacy, l'impatto sociale e la responsabilità.

Il libro è diviso in otto capitoli. Nel primo capitolo, forniremo una panoramica sull'algoretica e discuteremo l'importanza di questa disciplina nella risoluzione dei problemi. In particolare, esamineremo la natura degli algoritmi e la loro utilità nel contesto informatico. Discuteremo inoltre il modo in cui gli algoritmi vengono utilizzati in diversi contesti e come la loro applicazione può influire sulla vita quotidiana delle persone.

Nel secondo capitolo, esamineremo la struttura degli algoritmi e le loro componenti, come le sequenze, le decisioni, i cicli e la ricorsione. In particolare, discuteremo la loro funzione e come questi elementi lavorano insieme per risolvere problemi specifici. Inoltre, esploreremo alcune tecniche di progettazione degli algoritmi, come la divisione e conquista, la programmazione dinamica e la greedy strategy.

Nel terzo capitolo, discuteremo l'analisi di complessità e l'importanza di misurare il tempo di esecuzione degli algoritmi. In particolare, esploreremo le tecniche per valutare la complessità di un algoritmo, come la notazione big O, e discuteremo l'importanza della complessità nel design degli algoritmi.

Nel quarto capitolo, ci concentreremo sugli algoritmi di ordinamento e di ricerca, che sono tra i più comuni e utilizzati in informatica. Discuteremo le caratteristiche e le proprietà degli algoritmi di ordinamento e di ricerca e forniremo esempi di applicazioni pratiche.

Nel quinto capitolo, esploreremo alcune tecniche avanzate di algoretica, come l'algoritmo di Dijkstra per i percorsi più brevi e l'algoritmo di Kruskal per l'albero di copertura minimo. Discuteremo inoltre l'utilizzo di queste tecniche in contesti reali e la loro efficacia nel risolvere problemi complessi.

Nel sesto capitolo, ci concentreremo sul bias algoritmico e le preoccupazioni etiche legate all'algoretica. Esamineremo i motivi per cui gli algoritmi possono essere influenzati dal bias e come questo può portare a risultati ingiusti e discriminatori. Inoltre, discuteremo le misure che possono essere adottate per mitigare il bias algoritmico e le implicazioni sociali e legali del suo utilizzo.

Nel settimo capitolo, esploreremo le preoccupazioni di privacy e sicurezza legate all'utilizzo degli algoritmi. Discuteremo come gli algoritmi possono essere utilizzati per violare la privacy delle persone e come i dati possono essere protetti dall'utilizzo non autorizzato. Inoltre, discuteremo le misure che possono essere adottate per garantire la sicurezza dei dati e la loro integrità.

Nell'ottavo e ultimo capitolo, affronteremo il tema della responsabilità nell'utilizzo degli algoritmi. Esamineremo le responsabilità degli sviluppatori, dei fornitori di servizi e degli utenti finali nell'utilizzo degli algoritmi. Discuteremo inoltre la necessità di norme e regolamentazioni per garantire un utilizzo etico e responsabile degli algoritmi.

In sintesi, questo libro fornisce una panoramica completa sull'algoretica, dalla progettazione di algoritmi di base alla creazione di algoritmi avanzati ed efficaci. Esploriamo anche alcune delle preoccupazioni etiche legate all'utilizzo degli algoritmi e discutiamo la responsabilità di tutti gli attori coinvolti nell'uso degli algoritmi. Speriamo che questo libro possa essere utile sia agli studenti che agli esperti di informatica, nonché a tutti coloro che vogliono capire meglio il funzionamento degli algoritmi e le loro implicazioni nella vita quotidiana.

CAPITOLO 1: INTRODUZIONE ALL'ALGORETICA

1.1 Definizione di algoritmo

Un algoritmo è una sequenza finita di istruzioni che descrive un metodo per risolvere un problema. Gli algoritmi sono utilizzati in diversi campi, tra cui l'informatica, la matematica, la fisica, l'ingegneria e molti altri. Gli algoritmi possono essere scritti in diversi linguaggi di programmazione e possono essere eseguiti su diverse piattaforme hardware.

1.2 Scopo dell'algoretica

L'algoretica ha come scopo lo studio della progettazione, dell'analisi e dell'implementazione degli algoritmi. L'algoretica aiuta a risolvere problemi complessi in modo efficiente e a sviluppare soluzioni ottimali per problemi di varia natura.

1.3 Importanza dell'algoretica nella risoluzione dei problemi

L'algoretica è importante nella risoluzione dei problemi perché consente di sviluppare soluzioni efficienti e ottimali. Senza la conoscenza dell'algoretica, i problemi possono essere risolti solo attraverso l'esperienza e la prova ed errore. L'algoretica permette di creare soluzioni generali e riproducibili che possono essere utilizzate in diverse situazioni.

1.4 Strumenti e linguaggi utilizzati in algoretica

L'algoretica utilizza diversi strumenti e linguaggi per descrivere e implementare gli algoritmi. Alcuni dei linguaggi più comuni utilizzati in algoretica sono il C, il C++, il Java e il Python. Inoltre, ci sono diversi strumenti e librerie utilizzati per la creazione di algoritmi, come l'algebra lineare, la teoria dei grafi e l'intelligenza artificiale.

In sintesi, questo primo capitolo ha fornito una panoramica sull'algoretica, includendo la definizione di algoritmo, lo scopo dell'algoretica nella risoluzione dei problemi, e l'importanza dell'algoretica per sviluppare soluzioni efficienti e ottimali. Inoltre, abbiamo anche discusso alcuni dei linguaggi e degli strumenti più comuni utilizzati in algoretica per descrivere e implementare gli algoritmi. Con questa base solida, ci addentreremo nel prossimo capitolo per esplorare ulteriormente il processo di progettazione degli algoritmi.

CAPITOLO 2: STRUTTURA DEGLI ALGORITMI

Gli algoritmi sono composti da una serie di istruzioni ordinate che descrivono la soluzione di un problema specifico. In questo capitolo, discuteremo la struttura degli algoritmi e come queste istruzioni sono organizzate.

2.1 Inizio e fine dell'algoritmo

Ogni algoritmo ha un inizio e una fine. L'inizio dell'algoritmo è il punto in cui viene avviato e l'elaborazione inizia. La fine dell'algoritmo è il punto in cui l'elaborazione termina e viene restituito un risultato.

2.2 Istruzioni di input e output

Gli algoritmi accettano dati di input e generano dati di output. Le istruzioni di input descrivono come i dati di input vengono acquisiti e immessi nell'algoritmo. Le istruzioni di output descrivono come il risultato dell'algoritmo viene generato e visualizzato.

2.3 Istruzioni di elaborazione

Le istruzioni di elaborazione descrivono il processo di elaborazione dei dati di input per generare i dati di output. Queste istruzioni possono includere operazioni matematiche, manipolazione di stringhe, istruzioni condizionali e cicli.

2.4 Strutture di controllo del flusso

Le strutture di controllo del flusso consentono di modificare il flusso di esecuzione dell'algoritmo. Queste strutture includono istruzioni condizionali come "se-then-else" e cicli come "per" e "mentre". Le strutture di controllo del flusso sono utilizzate per gestire situazioni in cui il flusso di esecuzione dell'algoritmo deve essere modificato in base a una determinata condizione.

2.5 Strutture dati

Le strutture dati sono utilizzate per organizzare e gestire i dati nell'algoritmo. Queste strutture includono array, liste, code, stack e alberi. Le strutture dati sono fondamentali per l'elaborazione efficiente dei dati e la creazione di soluzioni ottimali.

2.6 Commenti

I commenti sono utilizzati per fornire una descrizione dettagliata del codice dell'algoritmo. I commenti sono utili per spiegare il motivo per cui un'istruzione è stata inserita, per chiarire le variabili e per descrivere il funzionamento dell'algoritmo.

In sintesi, questo secondo capitolo ha discusso la struttura degli algoritmi, compresi l'inizio e la fine dell'algoritmo, le istruzioni di input e output, le istruzioni di elaborazione, le strutture di controllo del flusso, le strutture dati e i commenti. La comprensione di queste componenti è fondamentale per la creazione di algoritmi efficienti e ottimali. Nel prossimo capitolo, esploreremo il processo di progettazione degli algoritmi, inclusi i criteri di progettazione e le tecniche di progettazione degli algoritmi.

CAPITOLO 3: ANALISI DI COMPLESSITÀ

L'analisi di complessità è una delle attività più importanti nella progettazione degli algoritmi. Consiste nell'analizzare la quantità di risorse necessarie per l'esecuzione di un algoritmo, come il tempo e lo spazio, in base alla dimensione dei dati di input.

3.1 Notazione O-grande

La notazione O-grande è una notazione utilizzata per esprimere la complessità degli algoritmi. Rappresenta il limite superiore asintotico della funzione di complessità dell'algoritmo. Ad esempio, se l'algoritmo richiede un tempo di esecuzione che cresce proporzionalmente alla dimensione n dell'input, la sua complessità sarebbe espressa come $O(n)$.

3.2 Complessità temporale

La complessità temporale di un algoritmo rappresenta il tempo di esecuzione dell'algoritmo in relazione alla dimensione dei dati di input. L'analisi della complessità temporale è essenziale per garantire che l'algoritmo sia efficiente e scalabile.

3.3 Complessità spaziale

La complessità spaziale di un algoritmo rappresenta lo spazio di memoria richiesto dall'algoritmo in relazione alla dimensione dei dati di input. L'analisi della complessità spaziale è essenziale per garantire che l'algoritmo non utilizzzi troppa memoria e che sia possibile eseguirlo su sistemi con risorse limitate.

3.4 Algoritmi asintoticamente ottimali

Gli algoritmi asintoticamente ottimali sono algoritmi il cui tempo di esecuzione cresce con un fattore costante rispetto alla dimensione dei dati di input. Questi algoritmi sono considerati i più efficienti in termini di tempo di esecuzione.

3.5 Complessità nei peggiori e nei migliori casi

La complessità nei peggiori e nei migliori casi di un algoritmo rappresenta il tempo di esecuzione massimo e minimo che l'algoritmo può richiedere in relazione alla dimensione dei dati di input. L'analisi di questi casi è importante per comprendere il comportamento dell'algoritmo in diverse situazioni.

In sintesi, questo terzo capitolo ha discusso l'analisi di complessità, compresa la notazione O-grande, la complessità temporale e spaziale, gli algoritmi asintoticamente ottimali e la complessità nei peggiori e nei migliori casi. La comprensione dell'analisi di complessità è fondamentale per la progettazione di algoritmi efficienti e scalabili. Nel prossimo capitolo, esploreremo alcune tecniche di progettazione degli algoritmi, come la programmazione dinamica e la ricerca binaria.

CAPITOLO 4: ALGORITMI DI ORDINAMENTO

Gli algoritmi di ordinamento sono un insieme di algoritmi utilizzati per ordinare una collezione di elementi in un determinato ordine. L'ordinamento è un'operazione comune in molti contesti, come la gestione dei dati, l'analisi statistica e la presentazione dei risultati.

4.1 Ordinamento a selezione

L'ordinamento a selezione è uno dei più semplici algoritmi di ordinamento. L'idea principale è di selezionare l'elemento più piccolo o più grande e inserirlo nella sua posizione corretta. Questo processo viene ripetuto fino a quando tutti gli elementi sono stati ordinati.

4.2 Ordinamento a inserimento

L'ordinamento a inserimento è un altro algoritmo di ordinamento semplice. L'idea principale è di inserire gli elementi uno per uno nella posizione corretta all'interno dell'array. Questo processo viene ripetuto fino a quando tutti gli elementi sono stati ordinati.

4.3 Ordinamento a bolle

L'ordinamento a bolle è un algoritmo di ordinamento che confronta due elementi adiacenti e li scambia se sono in ordine inverso. Questo processo viene ripetuto fino a quando tutti gli elementi sono stati ordinati.

4.4 Ordinamento merge

L'ordinamento merge è un algoritmo di ordinamento dividi-e-conquista. L'idea principale è di dividersi ripetutamente la collezione in due parti fino a quando ciascuna parte contiene un solo elemento, quindi fondere le parti ordinandole progressivamente.

4.5 Ordinamento quicksort

L'ordinamento quicksort è un altro algoritmo di ordinamento dividi-e-conquista. L'idea principale è di scegliere un elemento della collezione come "pivot" e dividere la collezione in due parti, una con elementi minori del pivot e una con elementi maggiori del pivot. Questo processo viene ripetuto fino a quando tutti gli elementi sono stati ordinati.

In sintesi, questo quarto capitolo ha discusso alcuni degli algoritmi di ordinamento più comuni, compreso l'ordinamento a selezione, l'ordinamento a inserimento, l'ordinamento a bolle, l'ordinamento merge e l'ordinamento quicksort. L'ordinamento è un'operazione critica nella gestione dei dati e la comprensione degli algoritmi di ordinamento è essenziale per la progettazione di algoritmi efficienti e scalabili. Nel prossimo capitolo, esploreremo alcune tecniche di ricerca degli algoritmi.

CAPITOLO 5: ALGORITMI DI RICERCA

Gli algoritmi di ricerca sono un insieme di algoritmi utilizzati per trovare la presenza e la posizione di un elemento all'interno di una collezione. La ricerca è un'operazione comune in molti contesti, come la gestione dei dati, l'analisi statistica e l'elaborazione dei risultati.

5.1 Ricerca sequenziale

La ricerca sequenziale è uno dei più semplici algoritmi di ricerca. L'idea principale è di controllare ogni elemento della collezione uno alla volta fino a quando non viene trovato l'elemento desiderato.

5.2 Ricerca binaria

La ricerca binaria è un algoritmo di ricerca efficiente che funziona solo con collezioni ordinate. L'idea principale è di dividere ripetutamente la collezione a metà fino a quando l'elemento desiderato viene trovato.

5.3 Altri algoritmi di ricerca

Esistono molti altri algoritmi di ricerca, come la ricerca di Fibonacci, la ricerca interpolativa e la ricerca esponenziale. Questi algoritmi utilizzano diverse tecniche e possono essere utilizzati in diversi contesti.

5.4 Scelta dell'algoritmo di ricerca

La scelta dell'algoritmo di ricerca dipende dal tipo di collezione, dalla dimensione della collezione e dalla velocità richiesta. Ad esempio, la ricerca sequenziale può essere utilizzata su collezioni piccole, mentre la ricerca binaria è più efficiente su collezioni ordinate di grandi dimensioni.

In sintesi, questo quinto capitolo ha discusso alcuni degli algoritmi di ricerca più comuni, compresa la ricerca sequenziale, la ricerca binaria e altri algoritmi di ricerca. La comprensione degli algoritmi di ricerca è essenziale per la progettazione di algoritmi efficienti e scalabili per la ricerca di elementi all'interno di una collezione. Nel prossimo capitolo, esploreremo alcune tecniche avanzate di algoretica.

CAPITOLO 6: ALTRI ALGORITMI COMUNI

Oltre agli algoritmi di ordinamento e di ricerca, ci sono molti altri algoritmi comuni utilizzati nella risoluzione dei problemi. In questo capitolo, esploreremo alcuni di questi algoritmi, inclusi gli algoritmi di backtracking, di programmazione dinamica e di algoritmi greedy.

6.1 Algoritmi di backtracking

Gli algoritmi di backtracking sono un metodo generale per la risoluzione di problemi di ricerca. Questi algoritmi provano soluzioni parziali e, se non funzionano, tornano indietro (backtracking) per provare altre soluzioni. Questo processo continua fino a quando viene trovata una soluzione o fino a quando tutte le soluzioni possibili sono state esaurite.

6.2 Algoritmi di programmazione dinamica

Gli algoritmi di programmazione dinamica sono utilizzati per risolvere problemi di ottimizzazione che possono essere suddivisi in sottoproblemi più piccoli. Questi algoritmi sfruttano la proprietà di sovrapposizione dei sottoproblemi per evitare di risolvere più volte lo stesso problema.

6.3 Algoritmi greedy

Gli algoritmi greedy sono un altro tipo di algoritmi di ottimizzazione che, a differenza degli algoritmi di programmazione dinamica, prendono le decisioni ottimali in base ai dati disponibili in quel momento senza preoccuparsi delle conseguenze future. Questi algoritmi spesso producono soluzioni sub-ottimali, ma in molti casi sono sufficientemente buone per essere utilizzate nella pratica.

6.4 Altri algoritmi comuni

Oltre agli algoritmi di backtracking, di programmazione dinamica e di algoritmi greedy, ci sono molti altri algoritmi comuni utilizzati nella risoluzione dei problemi. Alcuni di questi includono l'algoritmo di Dijkstra per la ricerca del percorso più breve in un grafo, l'algoritmo di Prim per il calcolo dell'albero di copertura minimo in un grafo e l'algoritmo di Kruskal per il calcolo del minimo albero di copertura in un grafo.

In sintesi, questo sesto capitolo ha esplorato alcuni degli algoritmi comuni utilizzati nella risoluzione dei problemi, compresi gli algoritmi di backtracking, di programmazione dinamica e di algoritmi greedy. Comprendere questi algoritmi è essenziale per la progettazione di algoritmi efficienti e scalabili per una vasta gamma di problemi. Nel prossimo capitolo, esploreremo l'importanza della corretta implementazione degli algoritmi.

CAPITOLO 7: CREAZIONE DI ALGORITMI EFFICACI

Ora che abbiamo esaminato diversi tipi di algoritmi, in questo capitolo esploreremo come creare algoritmi efficaci per la risoluzione dei problemi. Ci concentreremo sulla progettazione di algoritmi efficienti, ma anche sulla loro corretta implementazione.

7.1 Progettazione di algoritmi

La progettazione di algoritmi è il processo di sviluppo di un algoritmo che risolve un particolare problema. Una buona progettazione di algoritmi richiede un'ampia conoscenza dei concetti dell'algoretica, degli algoritmi comuni e degli strumenti e dei linguaggi di programmazione utilizzati.

Ci sono diversi modi per progettare un algoritmo efficace, come il "divide et impera", la programmazione dinamica e l'algoritmo greedy. In ogni caso, l'obiettivo è quello di creare un algoritmo che risolva il problema in modo efficiente, con il minor tempo e spazio necessari.

7.2 Implementazione di algoritmi

Una volta progettato l'algoritmo, il passo successivo è la sua implementazione. Ci sono diversi fattori da considerare quando si implementa un algoritmo, come la scelta del linguaggio di programmazione, la struttura dei dati utilizzata, l'ottimizzazione delle risorse e la gestione degli errori.

La scelta del linguaggio di programmazione dipende spesso dalle esigenze del progetto e dalle competenze del programmatore. Tuttavia, alcuni linguaggi di programmazione sono migliori di altri per determinati tipi di algoritmi. Ad esempio, C è spesso utilizzato per la programmazione di algoritmi a basso livello, mentre Python è utile per la prototipazione rapida e la scrittura di codice leggibile.

La scelta della struttura dati è anche importante per l'efficienza dell'algoritmo. Le strutture dati come le liste, gli array, gli alberi e i grafi possono essere utilizzati per la gestione e l'elaborazione dei dati. Inoltre, la scelta della struttura dati può influire sulla complessità temporale e spaziale dell'algoritmo.

L'ottimizzazione delle risorse è un altro aspetto importante nella creazione di algoritmi efficaci. Ci sono diversi modi per ottimizzare l'utilizzo di risorse come la memoria e la CPU, ad esempio utilizzando algoritmi con complessità temporale e spaziale ridotte, evitando l'uso di variabili globali e limitando il numero di chiamate ricorsive.

La gestione degli errori è anche fondamentale per l'implementazione di algoritmi. In genere, gli algoritmi possono generare errori a causa di input non validi o dati inaspettati. La gestione degli errori prevede la verifica e la gestione degli input e dei dati, la gestione dei limiti delle risorse e la gestione delle eccezioni.

In sintesi, la creazione di algoritmi efficaci richiede un'attenta pianificazione e una comprensione approfondita del problema da risolvere. È importante scegliere l'algoritmo giusto per il compito da svolgere e saperlo adattare in base alle specifiche esigenze del problema. Inoltre, l'analisi della complessità degli algoritmi è un passaggio fondamentale per capire quanto un algoritmo può essere efficiente per risolvere un dato problema.

Non esiste un algoritmo universale che sia il migliore in assoluto per ogni situazione. Tuttavia, con una buona comprensione delle tecniche di algoretica e delle strategie di progettazione, è possibile creare algoritmi efficienti e personalizzati per ogni esigenza.

L'algoretica è una disciplina in continua evoluzione e il libro che hai appena letto rappresenta solo un'introduzione ai concetti di base. Se sei interessato a imparare di più, ci sono molte risorse disponibili online e nei libri di testo avanzati che approfondiscono gli argomenti trattati in questo libro.

In conclusione, speriamo che questo libro ti abbia fornito una buona comprensione dell'algoretica e che tu sia in grado di applicare i concetti appresi per risolvere i problemi che incontrerai nella tua vita personale e professionale. La capacità di progettare e implementare algoritmi efficienti è una competenza sempre più richiesta nel mondo del lavoro e può essere utilizzata in molte aree, dall'informatica all'ingegneria, dalla finanza alla ricerca scientifica. Buona fortuna!

CAPITOLO 8: CONCLUSIONE

In questo libro abbiamo esplorato i concetti fondamentali dell'algoretica, dalla definizione di algoritmo fino all'analisi della complessità e alla creazione di algoritmi efficaci per risolvere i problemi.

Abbiamo visto come gli algoritmi sono alla base di molte delle tecnologie che utilizziamo quotidianamente e come la loro importanza sia sempre crescente nella nostra vita personale e professionale.

L'algoretica è una disciplina in continua evoluzione e la sua importanza non sembra destinata a diminuire. Grazie ai rapidi progressi della tecnologia e dell'informatica, nuove applicazioni dell'algoretica sono in continua evoluzione, dall'intelligenza artificiale alle blockchain.

Speriamo che questo libro ti abbia fornito una buona base per comprendere i concetti di algoretica e che tu sia in grado di applicarli in modo efficace per risolvere i problemi che incontri nella tua vita personale e professionale.

Infine, ti invitiamo ad approfondire ulteriormente l'argomento, esplorando le numerose risorse disponibili online e nei libri di testo avanzati. L'algoretica è una disciplina affascinante e in costante evoluzione, e siamo certi che ti riserverà ancora molte sorprese nel tuo percorso di apprendimento.

APPENDICE: ESERCIZI
E SOLUZIONI

In questa appendice, forniremo alcuni esercizi per aiutarti a consolidare la tua comprensione dei concetti e degli algoritmi presentati nel libro. Inoltre, forniremo le soluzioni per ogni esercizio in modo da poter verificare la tua comprensione e confrontare il tuo lavoro con quello degli altri.

Esercizi:

1. Scrivi un algoritmo per trovare il valore massimo in una lista di numeri interi.

2. Scrivi un algoritmo per ordinare una lista di numeri interi in ordine crescente.

3. Scrivi un algoritmo per trovare il numero più frequente in una lista di numeri interi.

4. Scrivi un algoritmo per calcolare la somma di una lista di numeri interi.

5. Scrivi un algoritmo per cercare una parola in un elenco di parole.

Soluzioni:

1. Algoritmo per trovare il valore massimo in una lista di numeri interi:

   1. Inizializza una variabile "max" con il primo numero nella lista.

   2. Per ogni numero successivo nella lista, confronta il valore con il valore corrente di "max".

   3. Se il valore è maggiore di "max", assegna il valore a "max".

   4. Alla fine, il valore di "max" sarà il valore massimo nella lista.

2. Algoritmo per ordinare una lista di numeri interi in ordine crescente:

   1. Dividi la lista in due parti di uguale dimensione.

   2. Ordina ciascuna metà separatamente, utilizzando lo stesso algoritmo.

   3. Fai la fusione dei due elenchi ordinati in un singolo elenco ordinato.

3. Algoritmo per trovare il numero più frequente in una lista di numeri interi:

   1. Inizializza un dizionario vuoto "freq".

   2. Per ogni numero nella lista, se il numero non è presente nel dizionario, aggiungi il numero come chiave con valore 1. Altrimenti, incrementa il valore della chiave corrispondente di 1.

3. Trova la chiave con il valore massimo nel dizionario e restituisci quella chiave.

4. Algoritmo per calcolare la somma di una lista di numeri interi:

    1. Inizializza una variabile "somma" a 0.

    2. Per ogni numero nella lista, aggiungi il numero alla variabile "somma".

    3. Alla fine, il valore di "somma" sarà la somma dei numeri nella lista.

5. Algoritmo per cercare una parola in un elenco di parole:

    1. Inizializza una variabile "trovato" a False.

    2. Per ogni parola nell'elenco, confronta la parola con quella cercata.

    3. Se la parola corrisponde alla parola cercata, assegna a "trovato" il valore True.

    4. Alla fine, il valore di "trovato" indica se la parola cercata è presente nell'elenco.

Speriamo che questi esercizi e le relative soluzioni ti aiutino a comprendere meglio i concetti presentati nel libro e ad applicarli con successo nella risoluzione di problemi.

GLOSSARIO

- **Algoritmo:** una sequenza di passi logici che, se eseguiti correttamente, risolvono un problema.

- **Complessità:** una misura della quantità di risorse richieste per eseguire un algoritmo, come tempo di esecuzione o memoria richiesta.

- **Decomposizione:** il processo di suddividere un problema complesso in problemi più piccoli e gestibili.

- **Grafo:** una struttura dati che consiste in un insieme di nodi interconnessi da archi.

- **Notazione O-grande:** una notazione che descrive l'andamento asintotico di una funzione, ovvero la sua crescita in relazione alla dimensione dell'input.

- **Ordinamento:** il processo di riordinare gli elementi di una sequenza in base a un criterio specifico.

- **Ricerca:** il processo di trovare un elemento all'interno di una sequenza.

- **Ricorsione:** il processo di definire una funzione in termini di se stessa.

- **Struttura dati:** una collezione di elementi organizzati in modo tale da permettere operazioni efficienti su di essi.

- **Complessità temporale:** la misura della quantità di tempo richiesta per eseguire un algoritmo.

- **Complessità spaziale:** la misura della quantità di memoria richiesta per eseguire un algoritmo.

- **Albero:** una struttura dati che consiste in un insieme di nodi gerarchicamente interconnessi.

- **Backtracking:** una tecnica che consiste nel generare tutte le possibili soluzioni di un problema e scartare quelle che non soddisfano i requisiti.

- **Greedy:** una tecnica che consiste nell'effettuare scelte localmente ottimali in ogni passo, senza considerare le conseguenze a lungo termine.

- **Programmazione dinamica:** una tecnica che consiste nel suddividere un problema in sottoproblemi, risolverli uno per uno e memorizzare i risultati per evitarne il calcolo ripetuto.

BIBLIOGRAFIA

- Cormen, T. H., Leiserson, C. E., Rivest, R. L., & Stein, C. (2009). Introduction to Algorithms (3rd ed.). MIT Press. Questo è uno dei testi di riferimento più famosi sull'algoretica e fornisce un'ampia copertura degli algoritmi e delle tecniche di analisi.

- Sedgewick, R., & Wayne, K. (2011). Algorithms (4th ed.). Addison-Wesley Professional. Questo libro è un'introduzione completa agli algoritmi e alle strutture dati.

- Dasgupta, S., Papadimitriou, C. H., & Vazirani, U. V. (2006). Algorithms. McGraw-Hill Education. Questo libro fornisce un'introduzione approfondita agli algoritmi, con un'attenzione particolare ai concetti teorici.

- Skiena, S. S. (2008). The Algorithm Design Manual (2nd ed.). Springer. Questo libro è una guida pratica alla progettazione e all'implementazione di algoritmi.

- Algoritmi e strutture dati (corso online gratuito) di Tim Roughgarden su Coursera. Questo corso copre gli algoritmi fondamentali, la teoria dell'algoritmo e l'analisi della complessità.

- Visualgo.net (sito web). Questo sito web offre una raccolta di visualizzazioni animate degli algoritmi e delle strutture dati, utili per comprendere meglio come funzionano.

- GeeksforGeeks.org (sito web). Questo sito web fornisce una vasta raccolta di esempi di codice, spiegazioni e tutorial su una vasta gamma di argomenti in algoretica.

- Leetcode.com (sito web). Questo sito web offre una vasta gamma di problemi di algoritmi con soluzioni e spiegazioni, utili per esercitarsi e migliorare le proprie capacità di risoluzione dei problemi.

POSTFAZIONE

Spero che questo libro sia stato utile per chiunque abbia avuto l'opportunità di leggerlo. L'Algoretica è un campo in continua evoluzione e questo libro ha lo scopo di fornire una base solida per lo studio e la comprensione degli algoritmi e delle loro applicazioni.

In un mondo sempre più interconnesso, la capacità di risolvere i problemi in modo efficace è diventata un'abilità essenziale per molte professioni. L'algoretica fornisce gli strumenti necessari per sviluppare questa abilità, indipendentemente dal settore in cui ci si trova.

Spero che gli esempi e le spiegazioni forniti in questo libro abbiano stimolato la vostra curiosità e il vostro interesse per questo argomento. Mi auguro inoltre che gli esercizi proposti nell'appendice vi abbiano aiutato a mettere in pratica ciò che avete appreso.

Non dimenticate che l'apprendimento non si ferma mai, e che l'algoretica è solo una delle molte aree in cui è possibile migliorare le proprie abilità. Continuate a imparare, esplorare e cercare di migliorare costantemente le vostre competenze. Vi auguro il meglio in ogni vostro progetto futuro.